How to Draw FACES FOR KIDS

Create Your Own World with A Simple Step-by-Step Guide

To Drawing 100 Fun and Exciting Things

This Book Belongs To:

1
2
3
4
5
6
7
8

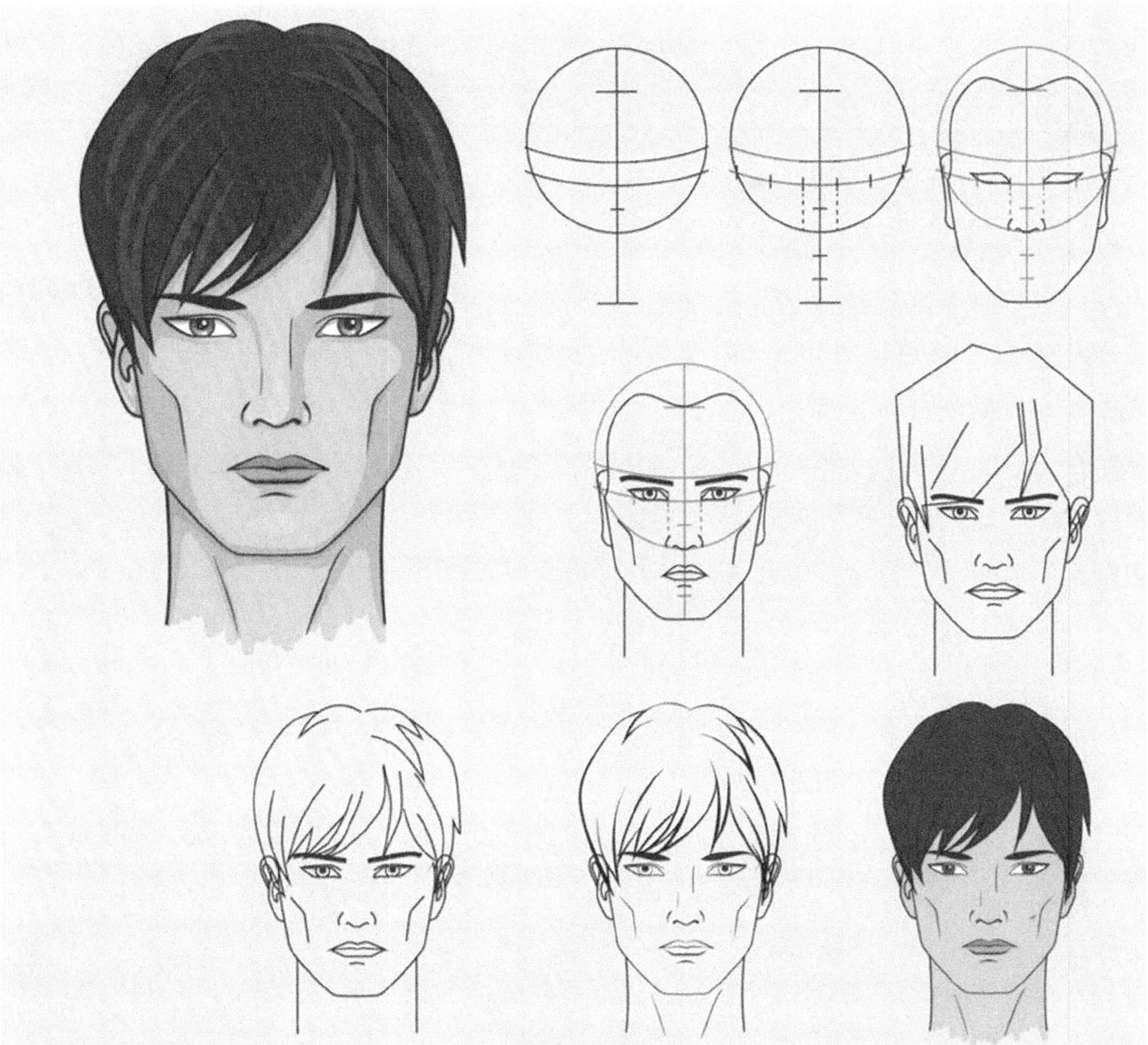

1
2
3
4
5
6

1
2
3
4
5
6
7
8
9
10
11

1
2
3
4
5
6

1
2
3
4
5
6
7
8

1
2
3
4
5
6

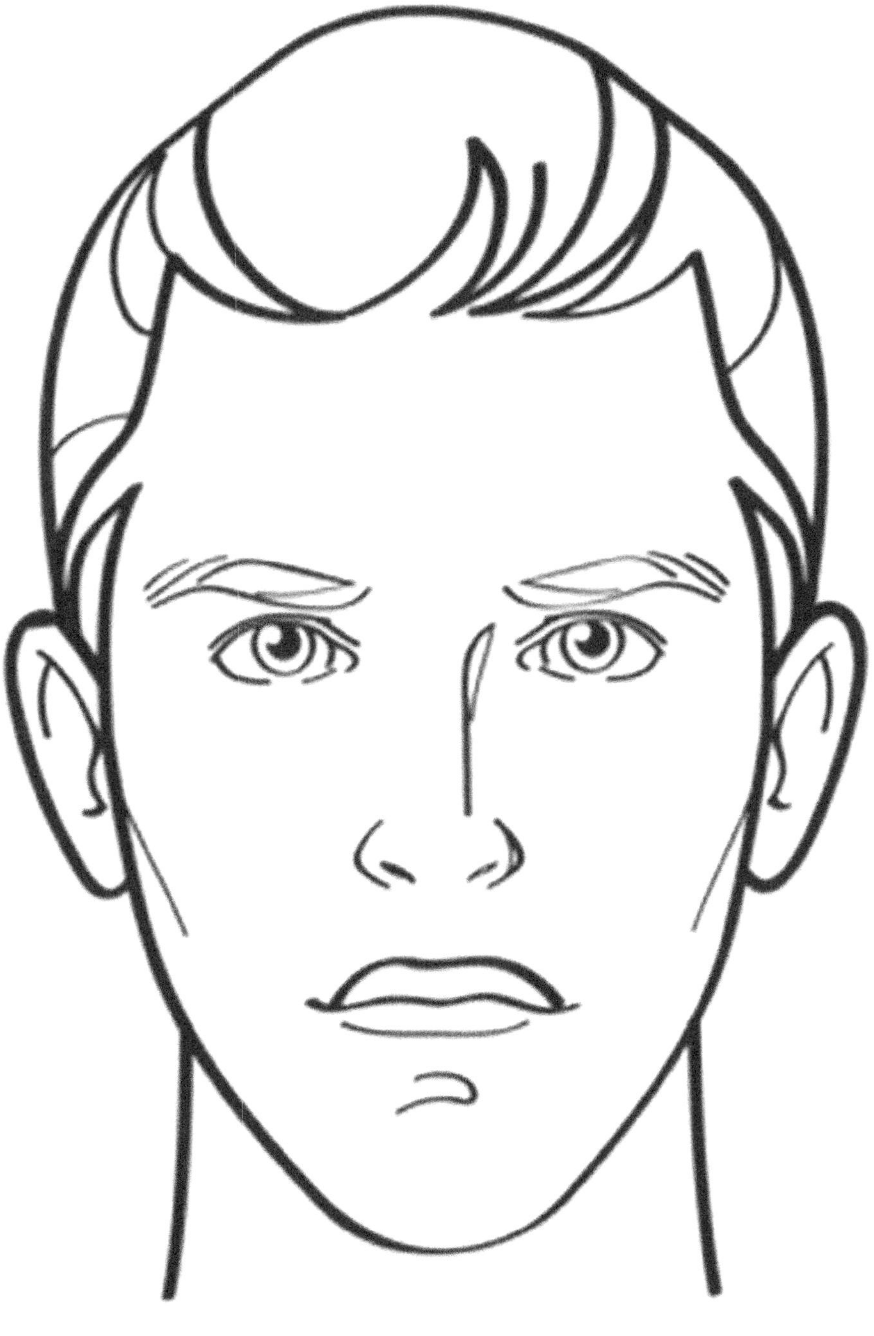

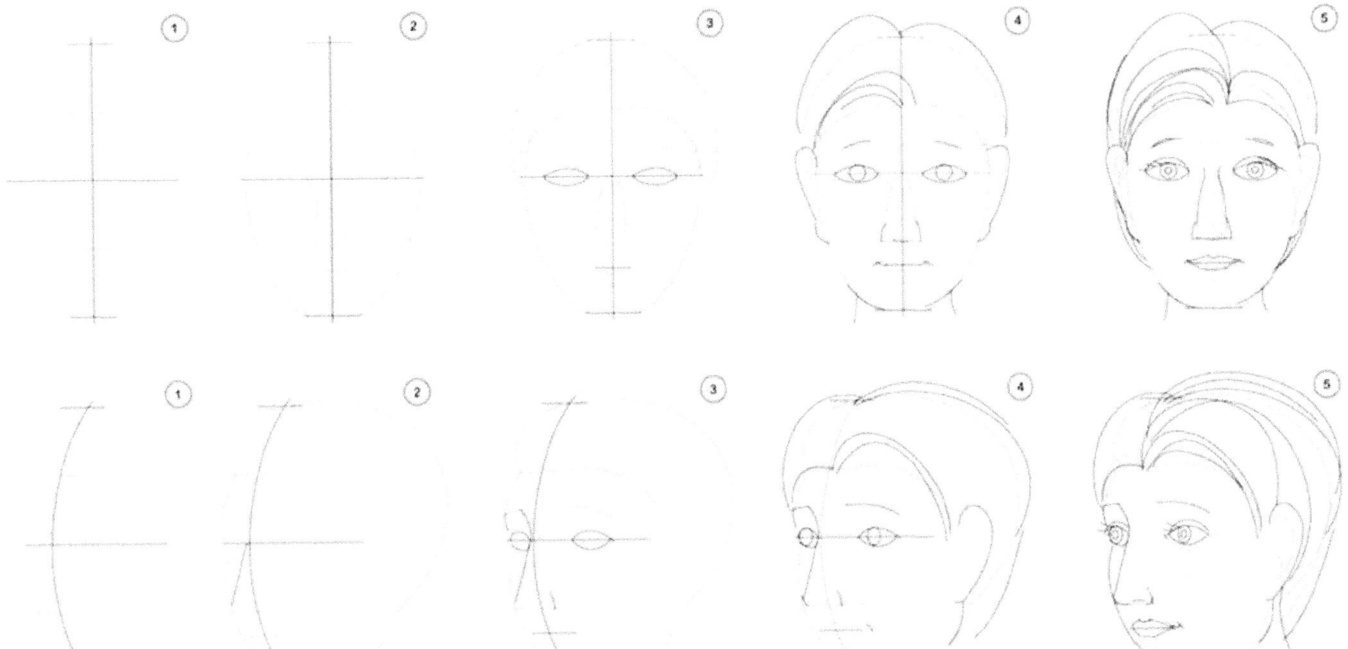
1
2
3
4
5
1
2
3
4
5
1
2
3
4
5

1
2
3
4
5
6
7
8
9
10

1
2
3
4
5
6

1
2
3
4
5
6
7
8

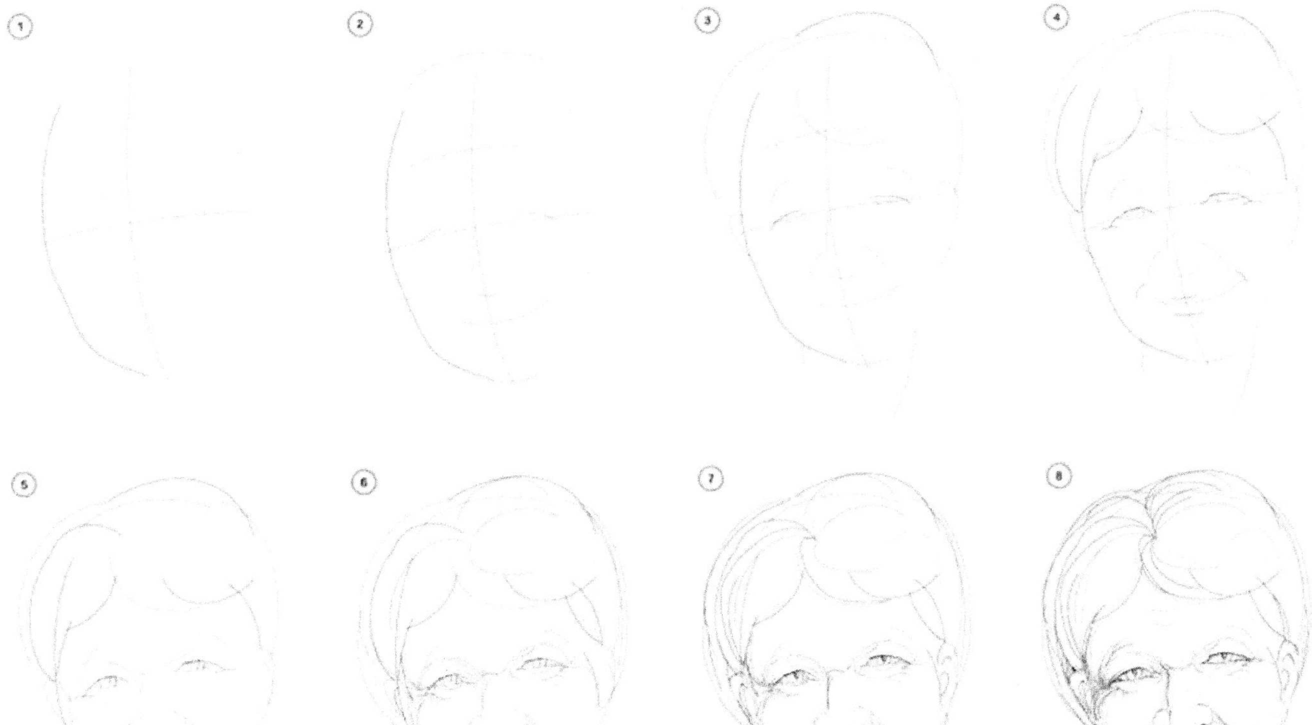
1
2
3
4
5
6
7
8

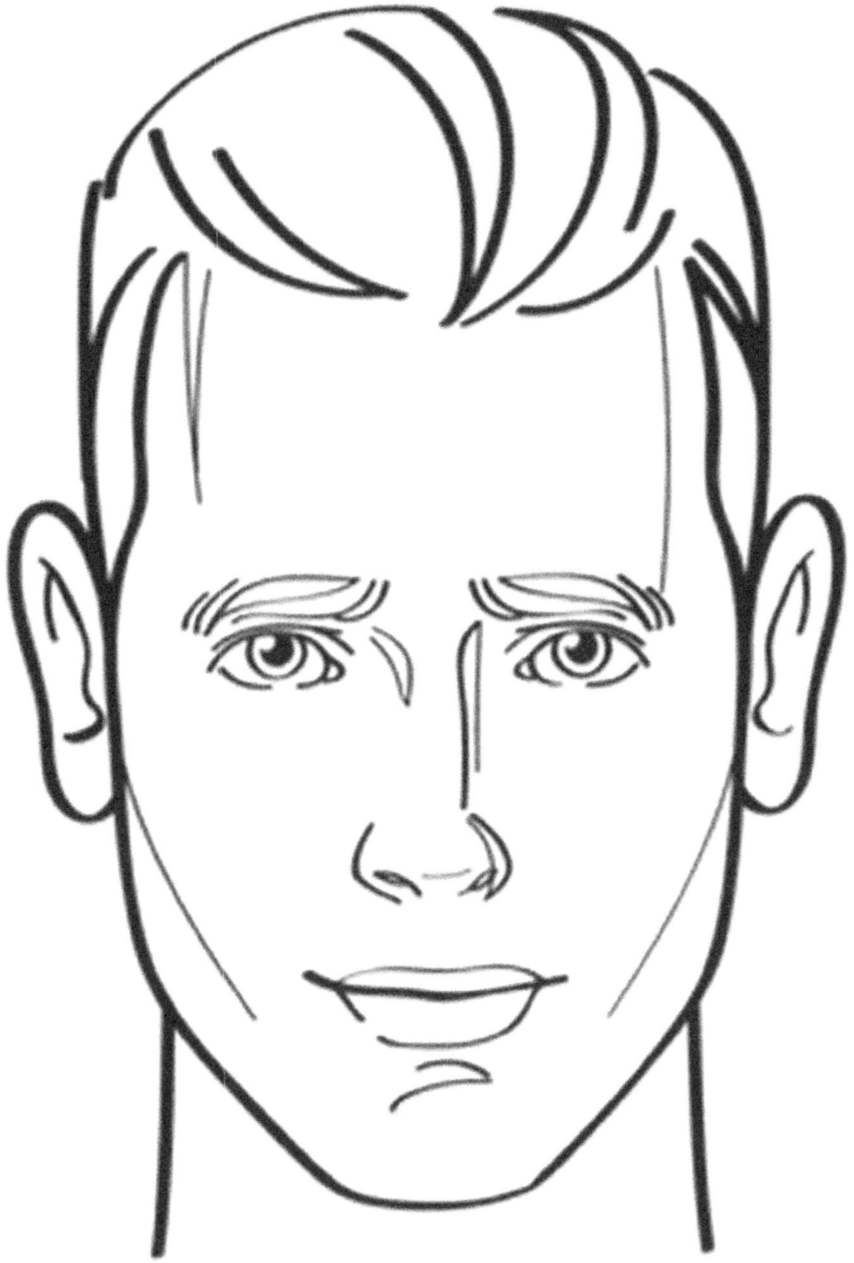

①

②

③

④

⑤

⑥

⑦

⑧

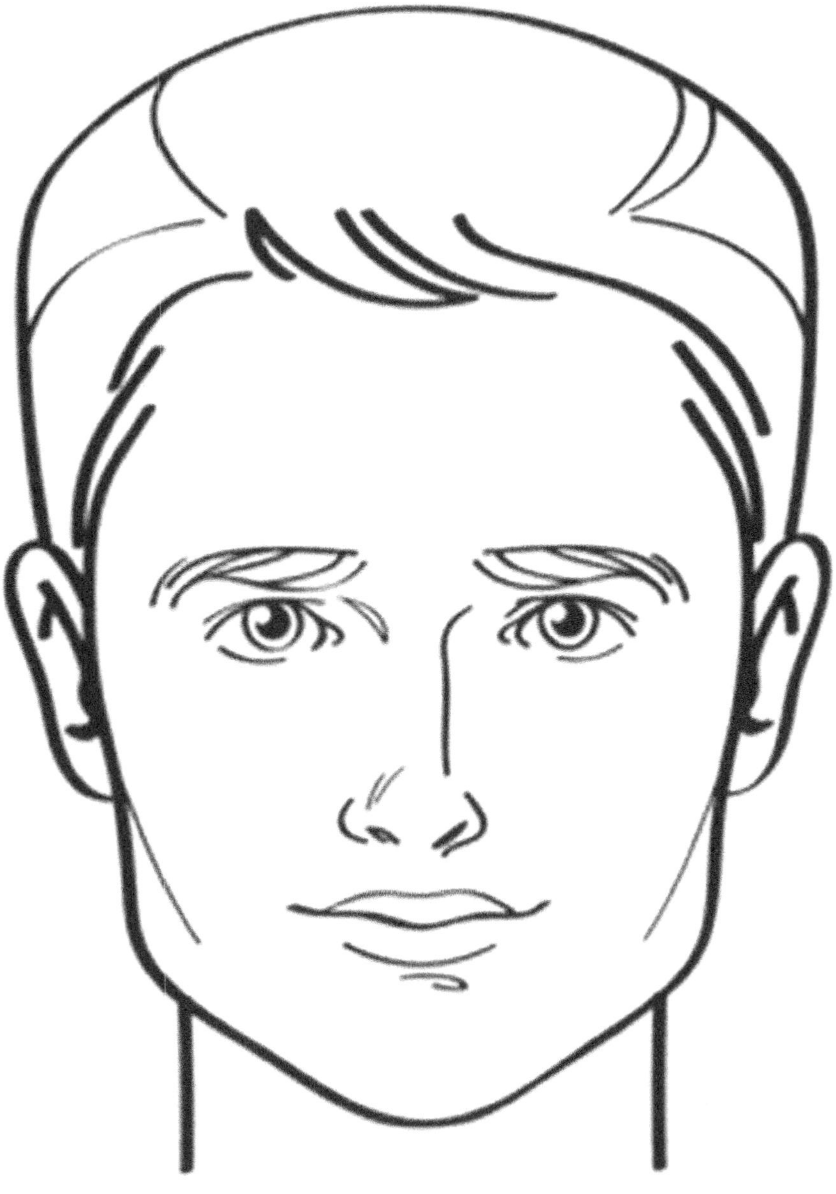

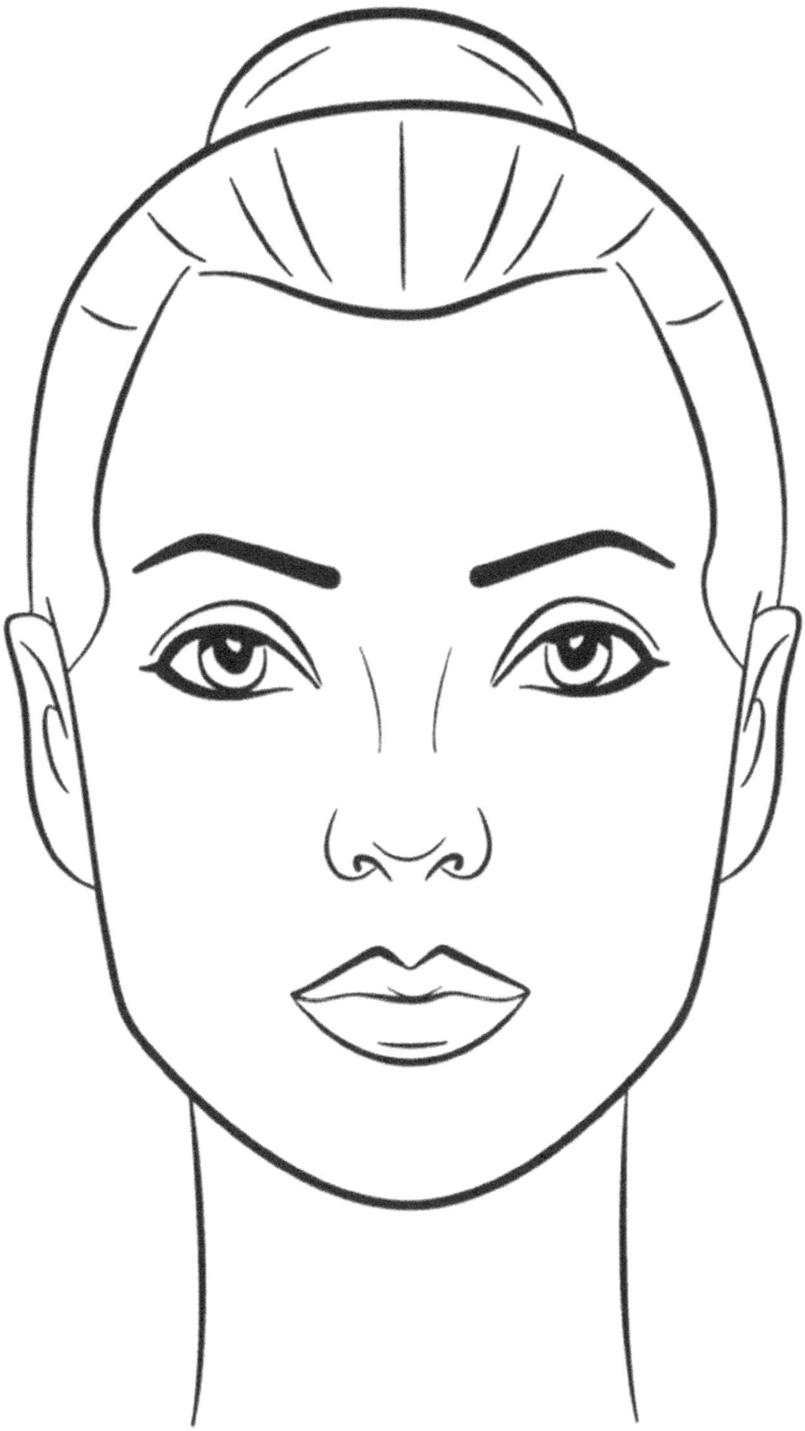

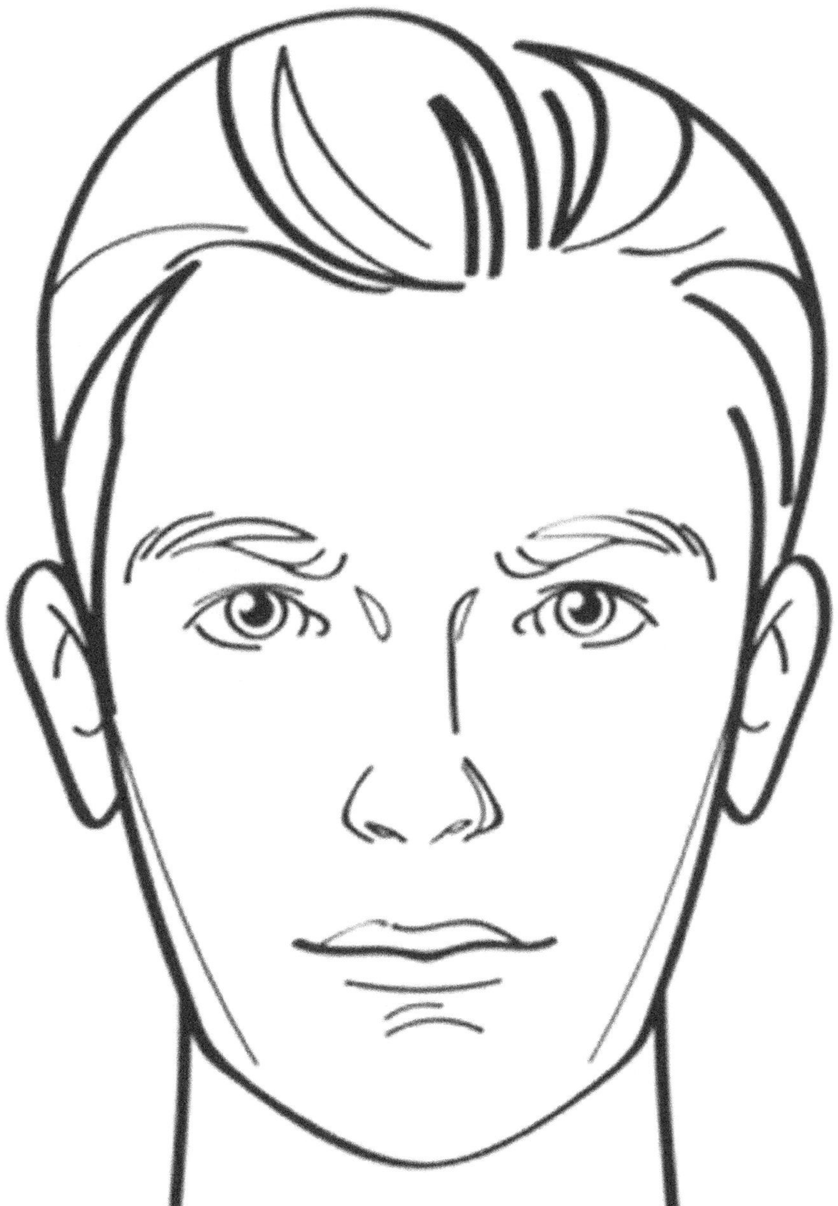

1
2
3
4
5
6
7
8
9

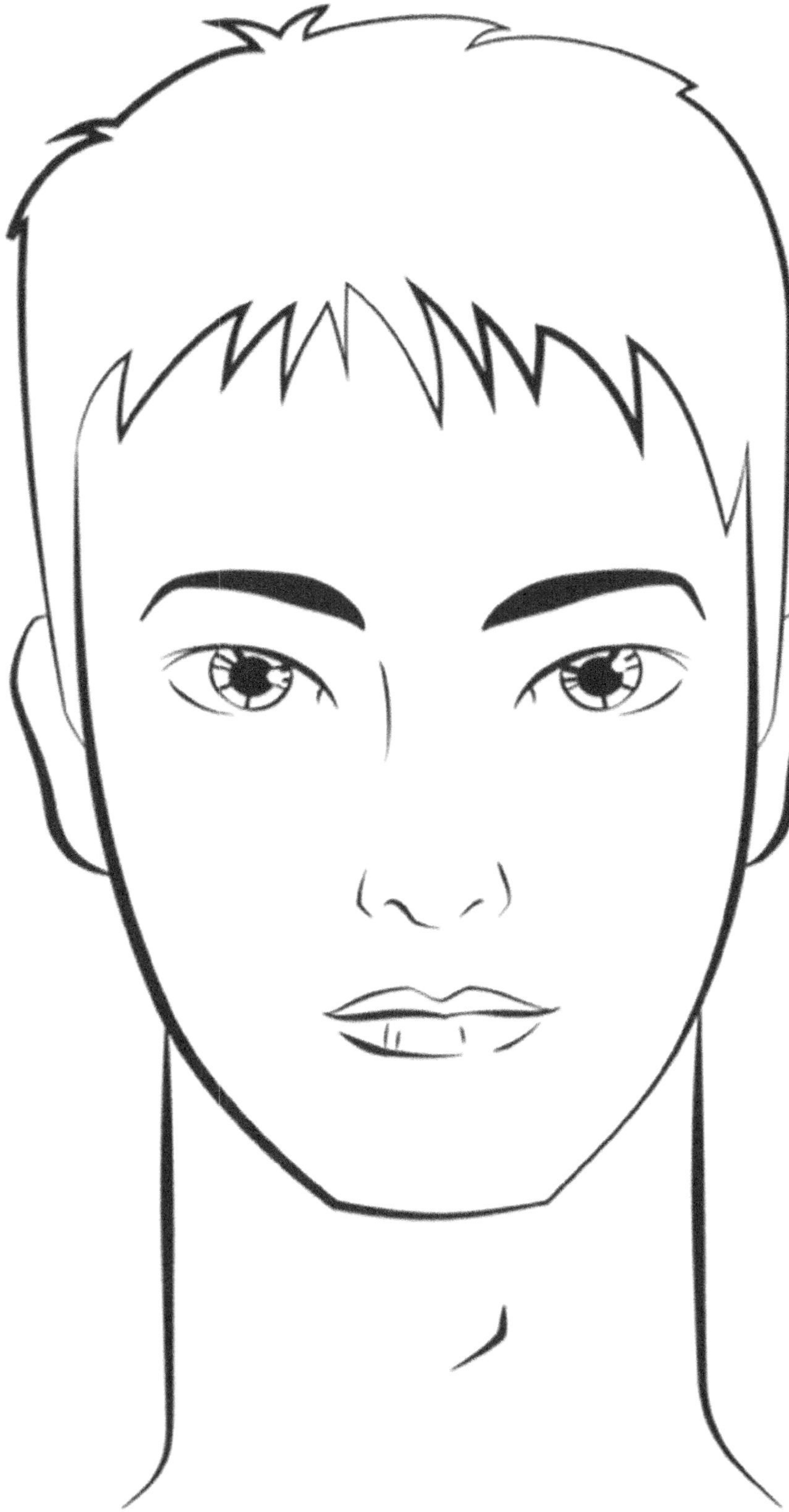

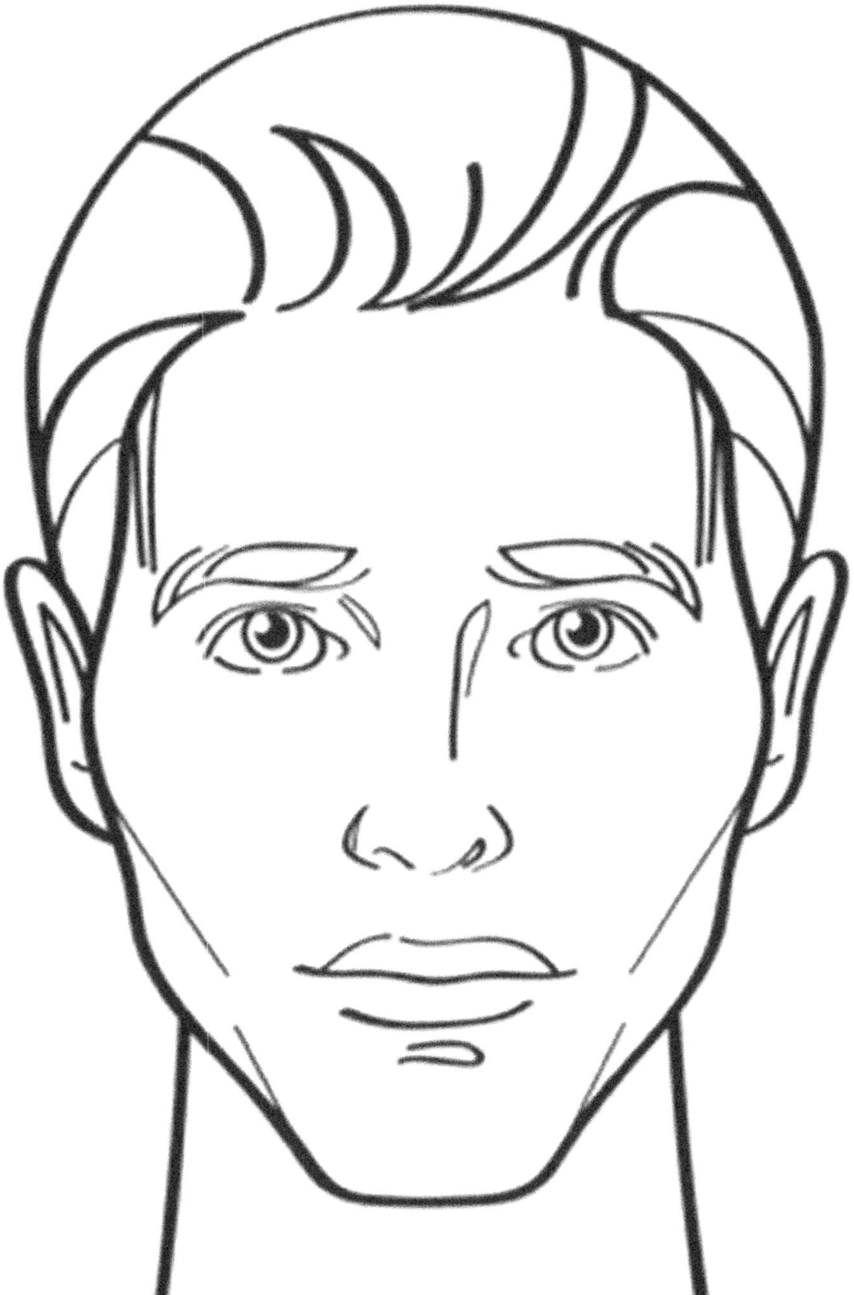

1

2

3

4

5

6

7

8

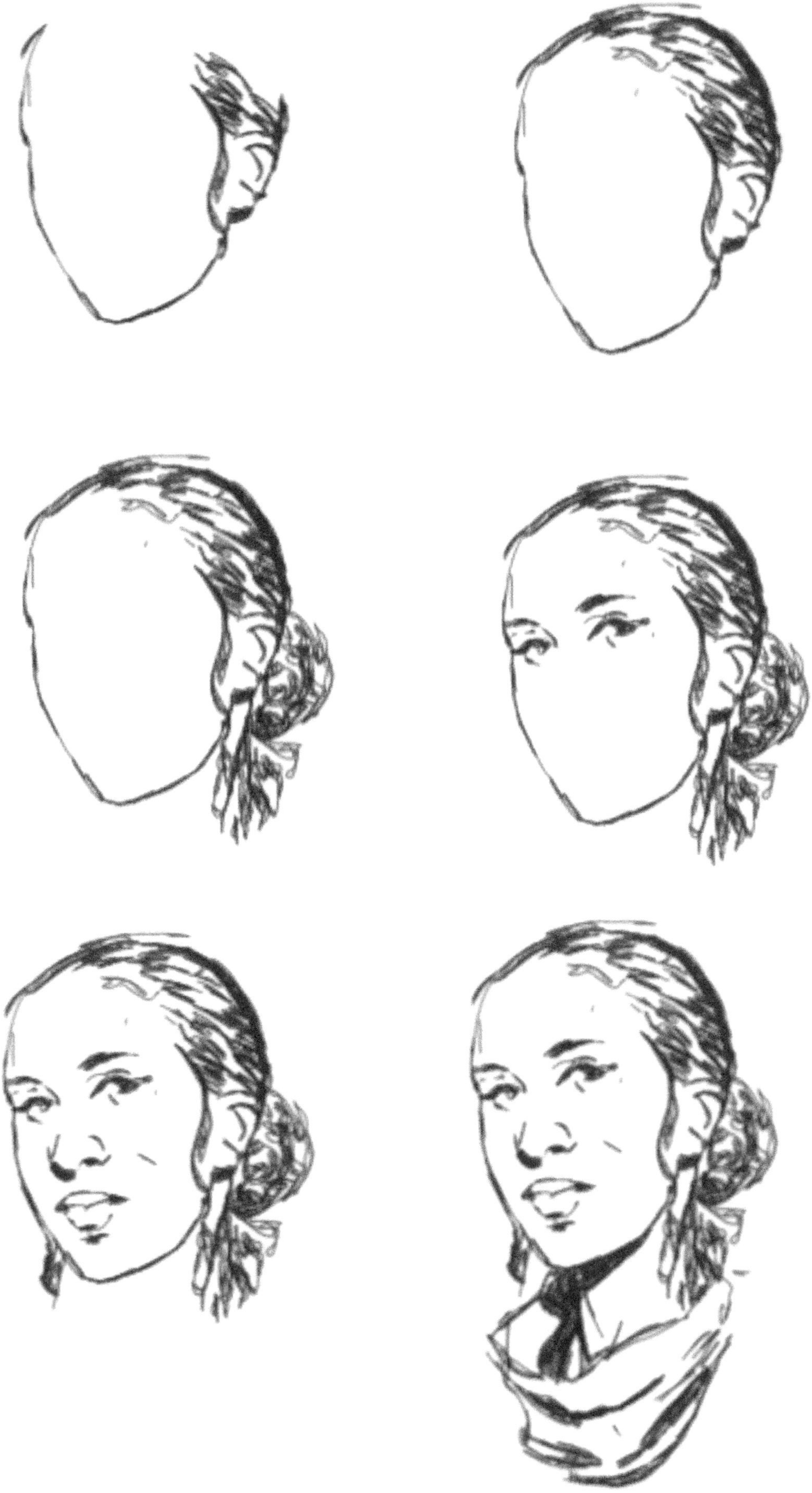

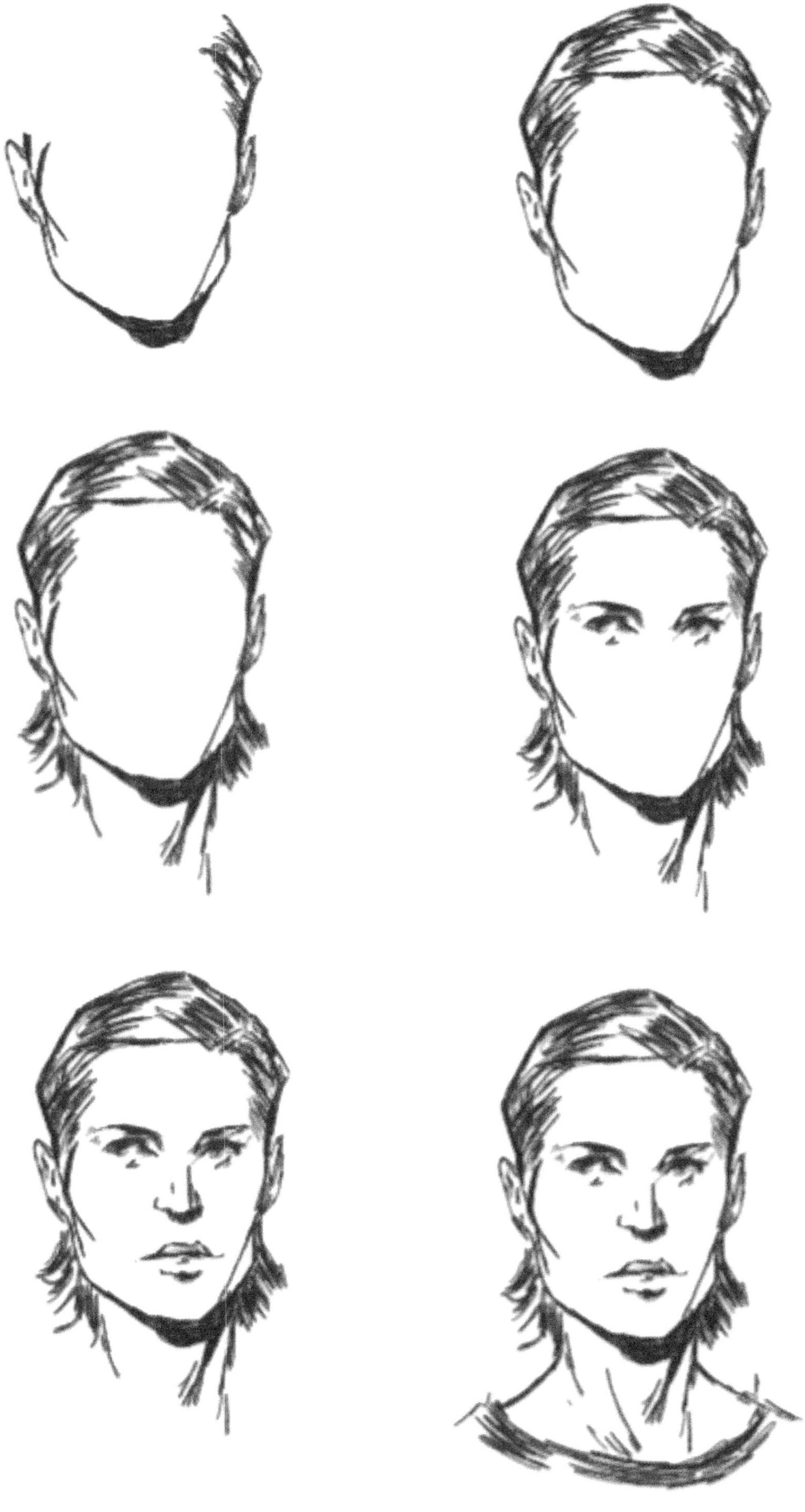

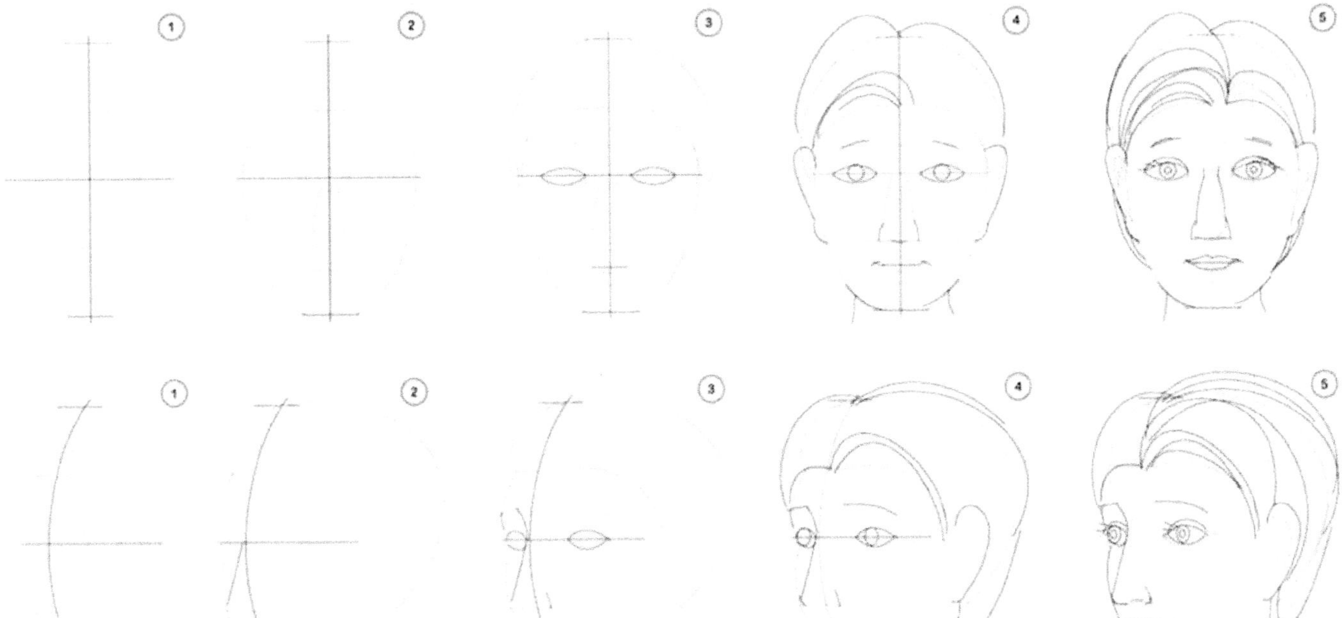
1
2
3
4
5

1
2
3
4
5
6
7
8
9

1
2
3
4
5
6

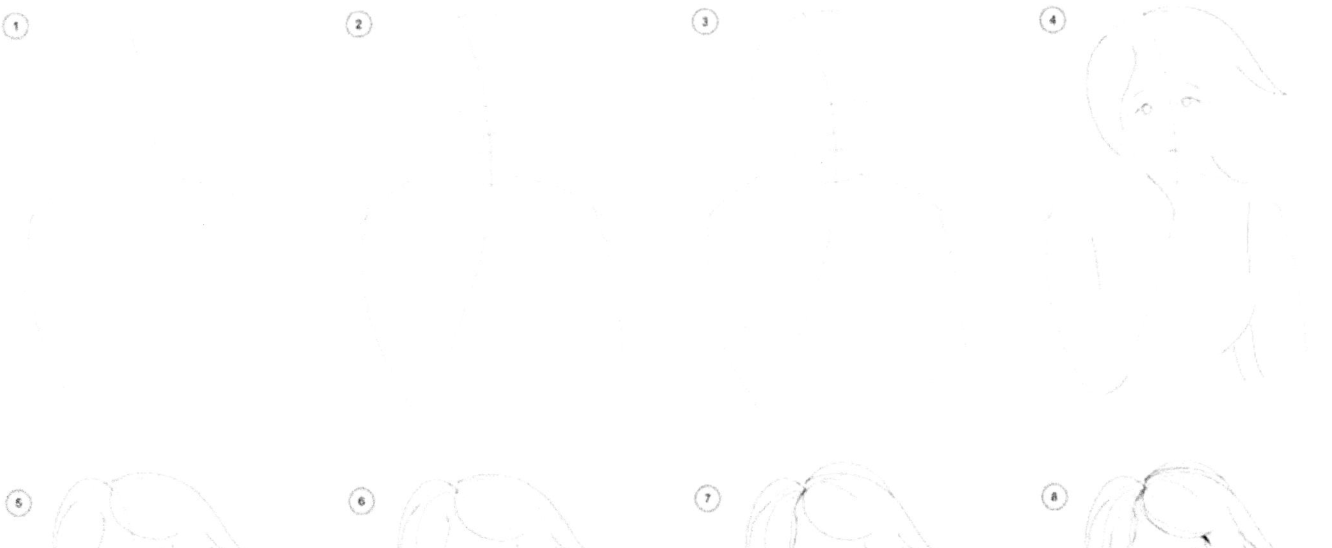
1
2
3
4
5
6
7
8

1
2
3
4
5
6

1
2
3
4
5
6
7
8

1
2
3
4
5
6

1
2
3
4
5
6
7
8

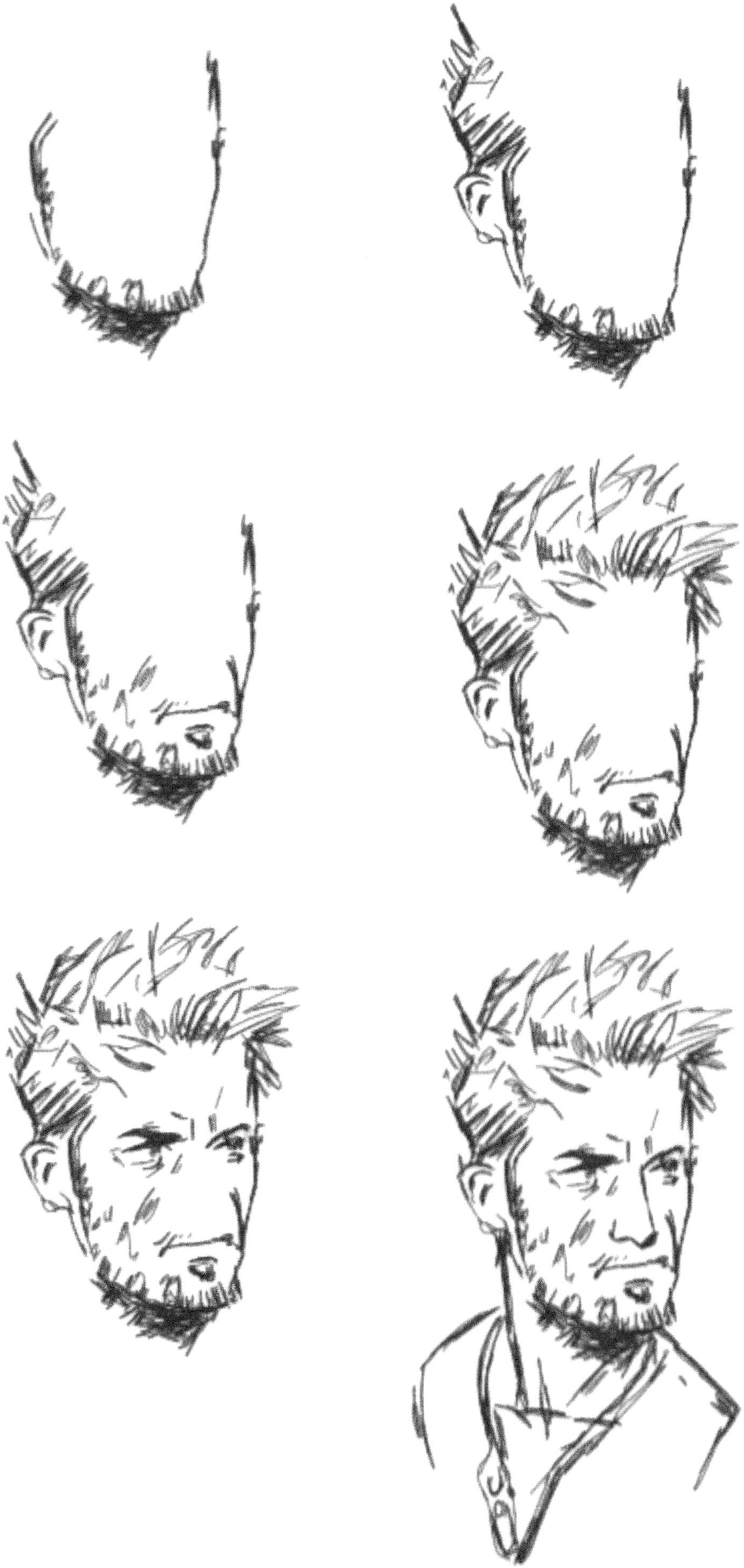

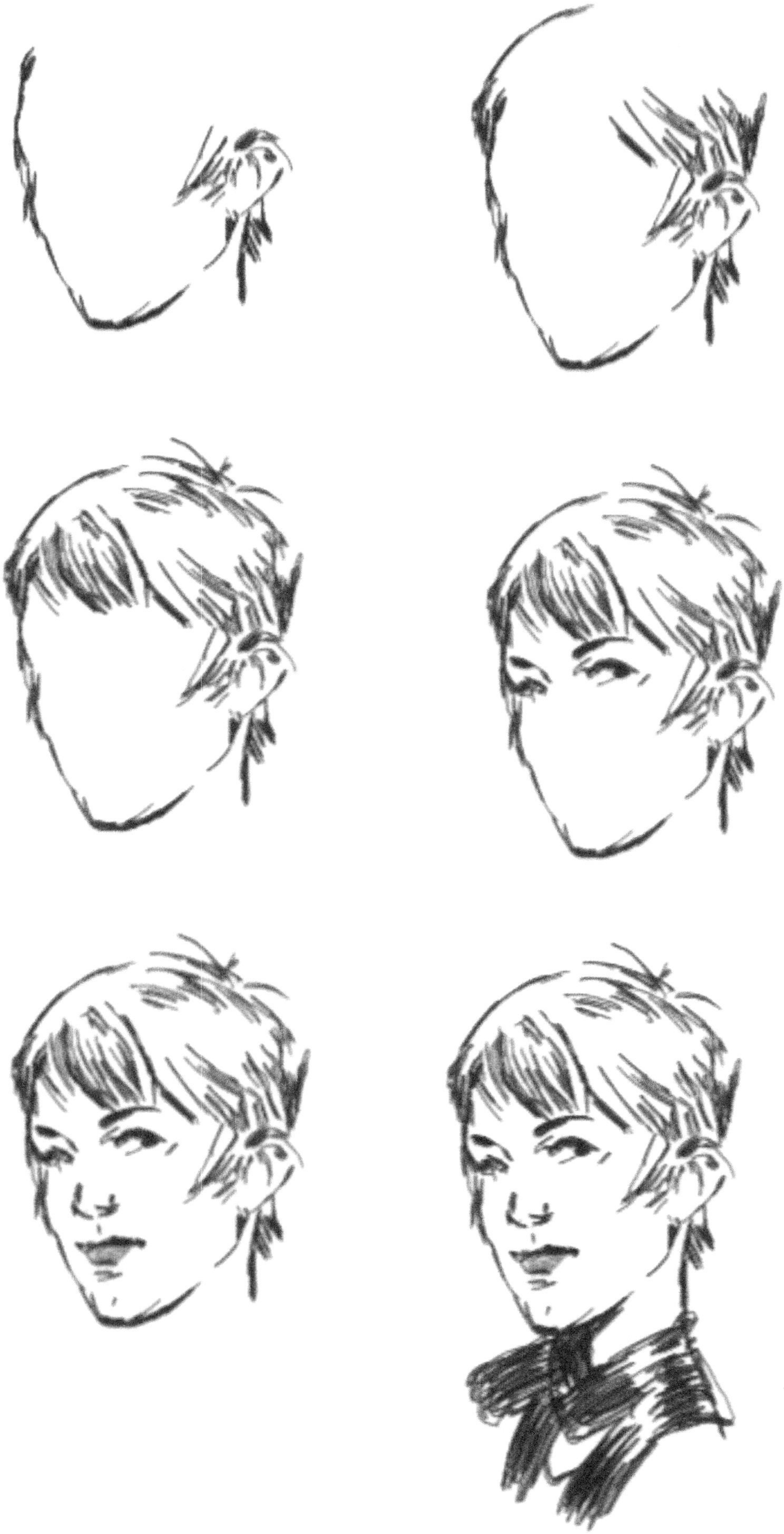

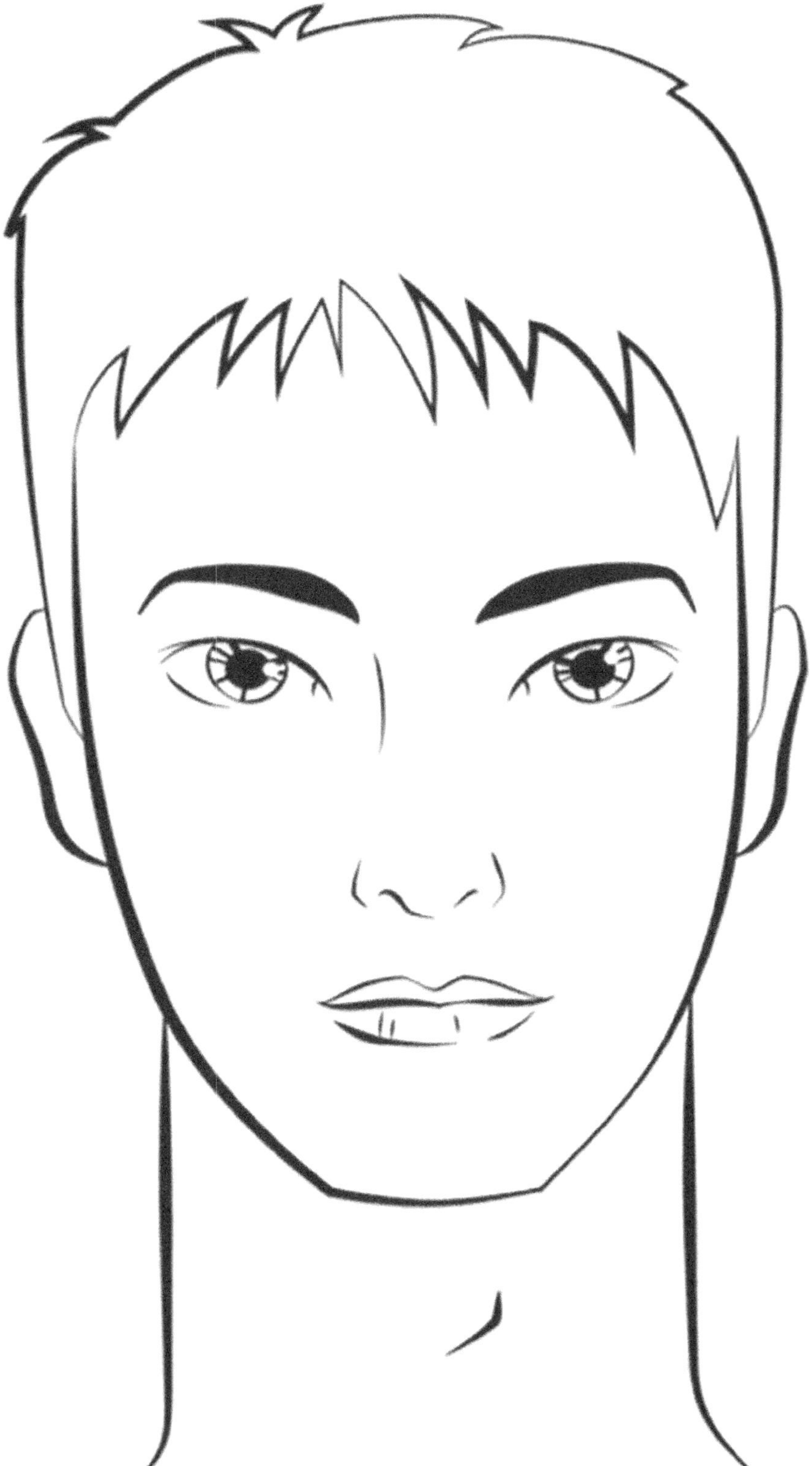

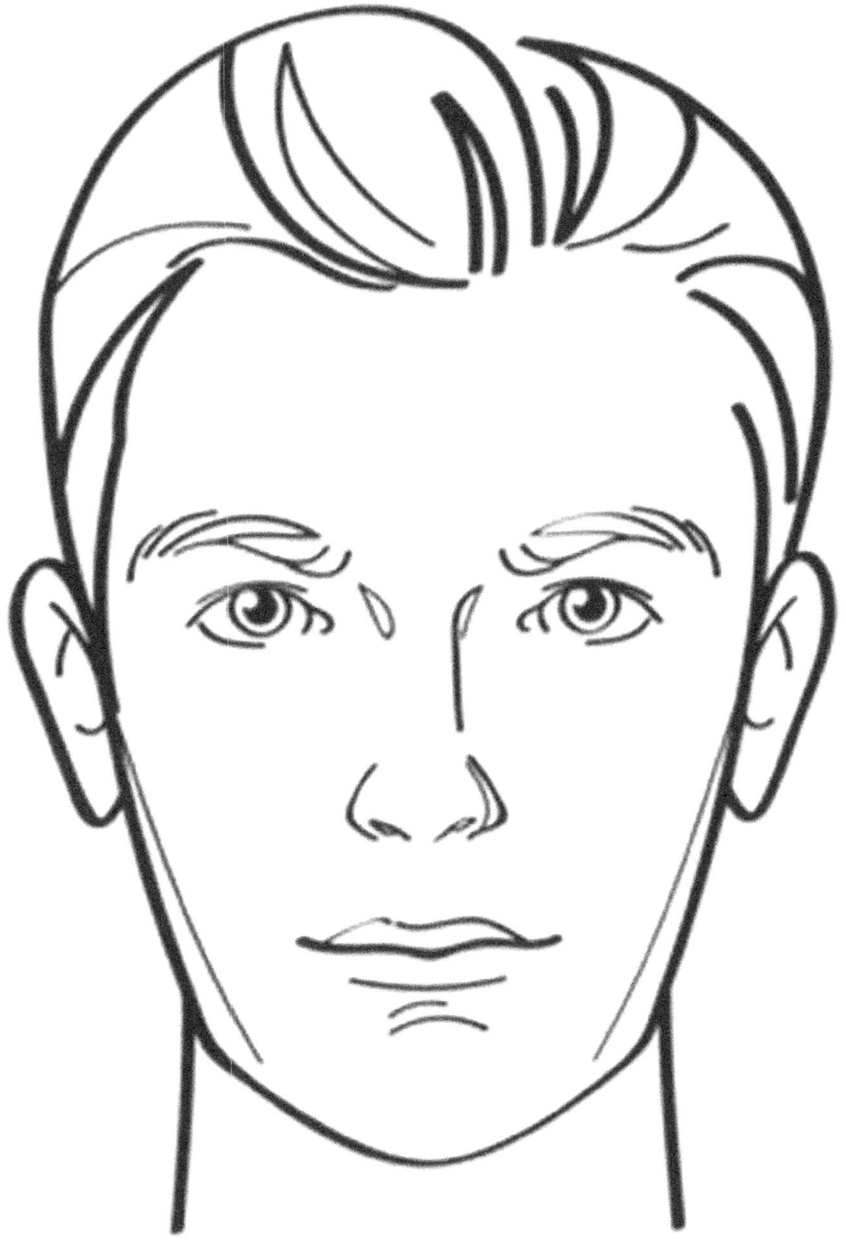